Das Verzeichnis der Bücher aus Matthias Claudius' Nachlaß,
die 1834 versteigert wurden

Das Verzeichnis der Bücher
aus Matthias Claudius' Nachlaß,
die 1834 versteigert wurden

Reprintausgabe
mit erläuterndem Vorbericht
von Helmut Glagla

Norderstedt 2015

Frontispiz: Bildnis Matthias Claudius
Steindruck Hamburg 1818, wohl nach der verschollenen Kreidezeichnung
von Philipp Otto Runge 1799

Bibliografische Information der Deutschen Nationalbibliothek:
Die Deutsche Nationalbibliothek verzeichnet diese Publikation
in der Deutschen Nationalbibliografie; detaillierte bibliografische
Daten sind im Internet über www.dnb.de abrufbar.

© 2015 Helmut Glagla, Hamburg
Herstellung und Verlag:
BoD – Books on Demand, Norderstedt
ISBN 978-3-7392-8249-7

Vorbericht

Im Sommer 1833, ein Jahr nach dem Tod von Anna Rebecca Claudius, der Witwe des Wandsbecker Boten, verkauften die Kinder das elterliche Haus in Wandsbek.[1] Vorher mußten Mobiliar und Hausrat und die Privatbibliothek des Vaters ausgeräumt werden. Die Bücher übernahm der Altonaer Auktionator Johann Bernhard Behre zur Versteigerung im Januar 1834. Der Auktionskatalog erschien 1833 in Hamburg und verzeichnet verschiedene Büchersammlungen, darunter als dritte die von Matthias Claudius. Die Blätter mit dem Verzeichnis der „Dritten Sammlung" sind – zusammengeheftet mit dem Titelblatt und dem zweiseitigen Vorwort zum Katalog – im Bestand Matthias Claudius des Staatsarchivs Hamburg erhalten.[2] Das Verzeichnis umfaßt 286 Gebotsnummern. Erhalten ist auch der Umschlag aus Packpapier, in dem dieser Katalogauszug als „Dienstsache" an das „verehrliche Landamt zu Lübeck" versandt wurde. Der Empfänger war der Claudius-Sohn Friedrich, seit November 1833 Senator in Lübeck. Auf der Innenseite des Umschlags, die er nach außen kehrte, notierte er mit Tinte: „Bruchstück aus dem Catalog / der von Matth. Claudius in W. nachgelaßenen, / am 20 Jan. 1834 in Altona verauctionirten Bücher / v[on] p[agina] 140 an bis zu Ende". Der Tintenvermerk unterhalb der Überschrift „Dritte Sammlung" auf Seite 140, der die nachfolgend verzeichneten Bücher ebenfalls als Nachlaß von Matthias Claudius ausweist, stammt von unbekannter Hand, vermutlich der des Auktionators oder eines Mitarbeiters. Dieses Bücherverzeichnis hat bislang, d.h. allzu lange, ungenutzt in archivalischer Verborgenheit geschlummert und wird nun hier als Reprint vorgestellt. Vorweg aber einige Bemerkungen zu Inhalt und Umfang des Verzeichnisses, sowie zur speziellen Situation des Wandsbecker Boten bezüglich seiner Versorgung mit Literatur.

Für einen Literaten, einen „homme de lettres", als welchen Claudius sich selbst bezeichnete, erscheint der im Auktionskatalog präsentierte Bücherbesitz umfangmäßig recht bescheiden, auch wenn zu berücksichtigen ist, daß von den Kindern ein gewisser Teil der Bücher ihres Vaters einbehalten wurde. Letzteres läßt sich konkret im Fall von Friedrich Claudius (1789-1862) zeigen, der sich in Lübeck eine respektable Privatbliothek zugelegt

---

[1] Vgl. Glagla, Die Familie des „Wandsbecker Boten", S.143-145.
[2] Signatur: 622-1 / 284 Claudius I, Faszikel 13.

hatte. Bei ihrer Versteigerung nach seinem Tod umfaßte der Katalog 1767 Nummern[3], darunter etliche Titel, die im Verzeichnis der väterlichen Bibliothek zu erwarten gewesen wären, dort aber fehlen. Hier die Titel, die unmittelbar ins Auge fallen:

Nr.824: Fénelon, Werke religiösen Inhalts. Aus dem Franz. von M. Claudius [Bd. 1], Hamburg 1800. (Wo sind die Bände 2/1809 u. 3/1811 geblieben?)

Nr.825: [Louis-Claude de Saint-Martin:] Des erreurs et de la vérité, par un phil[osophe] inc[onnu], 2. éd., Salomopol 1781. – Hierbei dürfte es sich um das Exemplar handeln, das Matthias Claudius für seine Übersetzung „Irrthümer und Wahrheit" von 1782 vorgelegen hat. Die unter den folgenden drei Nummern verzeichneten Werke Saint-Martin's könnten ebenfalls aus dem Vorbesitz des Vaters gestammt haben. Nach W. Herbst, Claudius, S.332, trug sich Claudius eine Zeitlang mit dem Gedanken, noch eine weitere Schrift Saint-Martin's zu übersetzen.

Nr.1431: Demophili et Democratis sententiae, cura Schiess [lies: Schier]. Lipsiae 1754.[4] – Hiermit liegt die Quelle altgriechischer Lebensweisheiten vor, aus der Claudius verschiedentlich übersetzt hat, nämlich in Asmus I/II (Cl., SW, S.59) und in Asmus VIII (ebd., S.671-673 u. 674 f.). Zwei weitere Übersetzungen, die er ursprünglich für den VIII. Asmus-Teil vorgesehen hatte, liegen im Manuskript vor (SUB Hamburg, Nachl. M. Claudius Nr. 8:5 u. 8:6) und sind 1994 von Gernot Bühring ediert worden.[5]

Nr.1565: [Charles] Batteux, Gesch. der Meinungen der Philosophen von den [ersten] Grundursachen der Dinge. Aus dem Französisch. [Übers.: Johann Jakob

---

[3] Ein Exemplar des broschierten Katalogs fand sich im Bestand Friedrich Perthes des Staatsarchivs Hamburg, Signatur: 622-1 / 82 Perthes I, Faszikel 45: Briefe aus der Familie Claudius an Caroline und Friedrich Perthes, dort bei den Briefen von Friedrich Claudius. Titel: *Verzeichniss der zum Nachlasse des verstorbenen Herrn Senator Friedr. Claudius zu Lübeck gehörigen Bücher, welche am 15. Juni 1863 und folgende Tage im Auditorio zu St.Catharinen in öffentlicher Auction meistbietend versteigert werden sollen.* Lübeck 1863, 78 S.

[4] Der Titel des Buches ist auf Griechisch und Latein abgefaßt. Hier die lateinische:Version in vervollständigter Form: *Demophili et Democratis veterum philosophorum sententiae, quae extant; cum versione Latina et scholiis* tu panu *Holsteinii. Accedunt Secundi philosophi sententiae curante Io. Adamo Schier, A.M.* Der Ausgabe von Schier liegt die editio princeps der Sentenzensammlungen von Demophilus und Democrates durch Lucas Holstenius zugrunde, die 1638 in Rom erschien.

[5] Bühring, Edition zweier Übersetzungen von Matthias Claudius. Schon dort findet sich der Hinweis (S.419), „daß Matthias Claudius höchst wahrscheinlich die Ausgabe Schier 1754 benutzt hat". Jetzt kann auch als erwiesen gelten, daß Claudius das Buch selbst besessen hat, wahrscheinlich als Erbstück aus dem Nachlaß seines Vaters (vgl. weiter unten).

Engel]. Leipzig 1773. – Seine Besprechung des Buches im WB 1774 hat Claudius in Asmus I/II übernommen (Cl., SW, S.15).

Nr.1601: G.E. Lessing, Wie die Alten den Tod gebildet. Berlin 1769. – Die unter den Nrn. 1680-1682 verzeichneten Werke Lessings könnten ebenfalls aus Matthias Claudius' Nachlaß stammen: Schauspiele, 2 Bde. (1778), Nathan der Weise (1779) und Fabeln, nebst Abhandlungen, (2. Aufl. 1777).

Nr.1694: Vaterländisches Museum, Bd.1 (6 Hefte) u. Bd.2 (Heft 1), Hamburg 1810-11. – Zu dieser von seinem Schwiegersohn Friedrich Perthes herausgegebenen Zeitschrift hat Claudius drei Beiträge beigesteuert.[6] Aus Vorsicht gegenüber der französischen Besatzung hat Perthes mit dem ersten Heft des zweiten Jahrgangs das Erscheinen der Zeitschrift eingestellt.

Nr.1733: J.G. Herder, Volkslieder [Th. 1], Leipzig 1778. Theil 2/1779 ohne Angabe des Herausgebers unter Nr.1747. – An den Schluß des zweiten Teils hat Herder Claudius' „Abendlied" mit den ersten fünf Strophen gestellt, um „einen Wink zu geben, welches Inhalts die besten Volkslieder seyn und bleiben werden." Vgl. auch Anm.19.

Nr.1734: J.H. Voß, Musenalmanach von 1774-1795, 19 Bändchen ohne die Jahrgänge 1777, 1778 und 1792. – 1774 übernahm Voß von seinem späteren Schwager H.Chr. Boie die Redaktion des Göttinger Musenalmanachs für 1775. Nach seiner Übersiedlung nach Wandsbek 1775 gründete er einen eigenen, den sogenannten „Vossischen" Musenalmanach (1776-1786). Claudius war sowohl im Göttinger als auch im „Vossischen" Musenalmanach mit Gedichten vertreten.

Wer von Friedrichs Geschwistern welche Bücher zum Andenken an den Vater oder aus sonstigem Interesse an sich genommen hat, läßt sich nicht im einzelnen feststellen.[7] Auffällig ist, daß Schriften von Martin Luther im Auktionsverzeichnis gänzlich fehlen. Und ebenso fällt auf, daß von Claudius' eigenen Veröffentlichungen mit Ausnahme eines Exemplars der *Sämtlichen*

---

[6] S. dazu Claudius-Katalog, Nr.20/7 (S.211).

[7] Verbürgt ist allein der Verbleib der *Nachfolge Christi* des Thomas a Kempis. Claudius hatte das Büchlein, eine Leipziger Ausgabe von 1769, seiner Frau zu Weihnachten 1781 geschenkt, die auf dem Vorsatzblatt als Besitzvermerk ihren Namen mit Datum eintrug. Daß Claudius sich mit dem Geschenk auch selbst bedachte, deutet eine alte Notiz auf einem inliegenden Zettel an, nach der er das Büchlein stets bei sich getragen habe. 1832, nach dem Tod der Mutter, trug sich unter ihrem Namen als neuer Besitzer der Sohn Johannes Claudius (1783-1859), Pastor im Kirchdorf Sahms (Lauenburg), ein, in dessen Familie das Büchlein dann weiter vererbt wurde. Heute befindet es sich in der Bibliothek des Museums für Hamburgische Geschichte. Vgl. dazu Glagla, Ein Weihnachtsgeschenk, S.381 f.

Werke[8] (ohne den VIII. Teil) keine einzige dort vertreten ist. Auch die fünf Jahrgänge des *Wandsbecker Bothen* (WB) wären zu erwarten gewesen. Falls Claudius das Geld für das Einbinden der Zeitung gespart haben sollte, ist es freilich denkbar, daß sich die Blätter im Laufe der Zeit in alle Winde verstreut haben. Von den zahlreichen Neuerscheinungen, die Claudius im WB vorgestellt hat, findet sich im Verzeichnis nur Herders *An Prediger. Funfzehn Provinzialblätter* 1774 (Nr.124)[9]. Möglicherweise standen dem Redakteur die Werke, die er zur Besprechung erhielt, nicht zu. Doch dürften zu den besprochenen Werken auch solche gehört haben, die er sich (wie vermutlich das von Batteux) selbst angeschafft hat oder die ihm von befreundeten Autoren persönlich zugeeignet worden waren. Ganz sicher muß er im Besitz der 1772 erschienenen Übersetzung von Cumberland's Lustspiel *Der Westindier* seines Arbeitgebers und Freundes J.J.Chr. Bode gewesen sein, das mit einer vierseitigen Widmung an Asmus, den „Wandsbecker Bothen" erschien. Die launige Besprechung erschien im WB vom 15.2.1772.[10]

Als die Staats- und Universitätsbibliothek (SUB) Hamburg 1940 eine Ausstellung zum 200. Geburtstag des Wandsbecker Boten ausrichtete, stellte ihr ein Urenkel von Matthias Claudius, der Hamburger Pastor Ernst Schröder (1863-1945), seine umfangreiche Sammlung an Handschriften und alten Drucken aus seiner Familie zur Verfügung.[11] Ein Katalog zur Ausstellung ist nicht erschienen. Aus den Presseberichten geht aber hervor, daß sich unter den Drucken „wahre Kostbarkeiten" befunden haben sollen. Zitiert und durch Abbildungen vorgestellt sind indessen nur zwei Beispiele: Der Einzeldruck des frühen Claudius-Gedichts *Klage / bey der Gruft / seines geliebtesten Bruders / Herrn / Josias Claudius [...]*, Jena 1760 (Hamb. Tageblatt v. 11.8.1940), sowie „jene 1797 herausgekommene, in Versen verfaßte Flugschrift ‚Urians Nachricht von der neuen Aufklärung', die die Rellstabsche Musikalienhandlung in einer – zeitgenössischen – Komposition herausgab" (Hamb. Tageblatt v. 15.8.1940). Nach der Ausstellung hat Schröder seine Schätze der Bibliothek offenbar übereignet. Der handschriftliche Teil wurde im April 1943 zusammen mit anderen Handschriften nach Schloß Lauenburg im Erzgebirge ausgelagert und kehrte 1990 nach kriegsbedingter Odyssee aus

---

[8] *Asmus omnia sua secum portans, oder Sämmtliche Werke des Wandsbecker Bothen*, 8 Teile in 7 Bänden, 1775-1812. Kurzzitat im Folgenden: *Asmus*.

[9] Rezension in WB 1775, Nr.5, übernommen in *Asmus* III/1778 (Cl., SW, S.152).

[10] Cl., SW, S.803 f.

[11] Vgl. dazu Glagla, Handschriftenbestand, S.133 f.

Moskau zurück.¹² Das gedruckte Schrifttum, zu dessen Katalogisierung es nicht mehr kam¹³, ist wahrscheinlich in der Bombennacht vom 24. auf den 25. Juli 1943 vernichtet worden, als nahezu 700 000 der etwa 850 000 Bände der Bibliothek, die damals ihren Sitz noch am Speersort (Hamburger Innenstadt) hatte, verbrannten. Da es sich bei den im Krieg verlorenen Drucken allem Anschein nach um Stücke aus dem Büchernachlaß des Wandsbecker Boten handelt, wird die Entstehungsgeschichte der Schröder'schen Sammlung interessant, für die es immerhin einige Anhaltspunkte gibt.

Ernst Schröders Vater Andreas (1825-1892) war ein Sohn des Wandsbecker Pastors *Jacob* Arnold Diedrich Schröder (1770-1831) und seiner zweiten Ehefrau, der jüngsten Claudius-Tochter Rebecka (1784-1835). Nach dem Tod der Mutter wuchs Andreas Schröder zusammen mit seinem älteren Bruder Matthias (1823-1859) als Vollwaise in der Familie seines Onkels Friedrich Claudius in Lübeck auf. Beide Brüder studierten Theologie. Der ältere, früh verstorbene Matthias wurde Pastor in Travemünde und heiratete die Tochter Johanna seines Onkels und Pflegevaters Friedrich Claudius. Andreas war seit 1857 Pastor an der neugegründeten deutschen Gemeinde in Helsingfors (Helsinki) und kehrte 1870 nach Schleswig-Holstein zurück, um die Pastorenstelle in Bünsdorf zu übernehmen. Über seine Familienverhältnisse ist nichts Näheres bekannt. In Lübeck lebten damals zwei unverheiratete Töchter von Friedrich Claudius, mit denen er als Pflegekind der Familie verschwistert war¹⁴: Caroline (1819-1900), ältestes der Kinder, und Rebecka (1828-1900). Laut Lübeckischem Adreßbuch hatten sie eine gemeinsame Wohnung in der Straße Beckergrube. Bei ihnen müssen sich die vom Vater hinterlassenen Familienpapiere befunden haben, zu denen bald auch die briefliche Hinterlassenschaft der ledigen Tante Trinette Claudius (1781-1863), die ebenfalls in Lübeck gewohnt hat, sowie die des ledigen Onkels Franz Claudius (1794-1866), Compastor in Segeberg, hinzukamen. Das ist aus der Zusammensetzung des handschriftlichen Teils der Schröder'schen Sammlung (zahlreiche Briefe an Franz und Trinette) zu ersehen. Franz hatte im Vergleich zu seinen Brüdern am längsten im elterlichen Haus gewohnt,

---

[12] Im Handschriftenbestand „Nachlaß M. Claudius" (NMC) der SUB Hamburg sind es die Faszikel 8-21 mit 202 Einzelstücken, s. das Inventarverzeichnis bei Glagla, Handschriftenbestand.

[13] Die beiden vom Hamburger Tageblatt vorgestellten Drucke sind jedenfalls nicht im Bibliothekskatalog ausgewiesen.

[14] Von Friedrich Claudius' leiblichen Söhnen ist der älteste, Matthias (Jg. 1822), als Marburger Professor der Anatomie 1869 in Kiel gestorben. Friedrich (1824-1899) war Revierförster in Behlendorf (Lauenburg), und August (1826-1898) ist als Landwirt nach Schweden ausgewandert.

zuletzt von 1829 bis zum Verkauf des Hauses 1833. Er kannte sich im schriftlichen Nachlaß seines Vaters bestens aus und sah sich in der Rolle des Vollstreckers des letzten Willens seines Vaters, nämlich dessen Briefwechsel zu verbrennen, wozu sich seine Mutter nicht hatte entschließen können.[15] Die sonstigen Papiere seines Vaters, soweit sie erhalten geblieben sind, dürften aber wohl durch ihn gerettet worden sein. Und ebenso wird er mit dem Bücherbestand gut vertraut gewesen sein und verhindert haben, daß die Schriften, die zur Biographie seines Vaters gehörten, unter den Hammer kamen. Als er 1866 starb, hat ihm seine Nichte Caroline in den letzten Stunden beigestanden und seinen Haushalt aufgelöst.[16] Durch sie werden seine Besitztümer aus dem Nachlaß des Vaters von Segeberg nach Lübeck gekommen sein. Die solchermaßen erweiterte familiengeschichtliche Sammlung muß dann eines Tages von den beiden Schwestern an ihren Vetter und ‚Pflegebruder' Andreas Schröder übergeben worden sein, damit sie in der Familie weitervererbt werden konnte. Andreas Schröder's Sohn Ernst aber ist kinderlos geblieben und hat wohl deshalb, veranlaßt durch die Ausstellung zum Gedenken an seinen Urgroßvater, diese Sammlung, die unter ihm noch einige Veränderungen erfahren hat, der Stadt Hamburg gestiftet.

Friedrich Claudius war in der Lage, sich regelmäßige Bücherkäufe leisten zu können, um sich über sein juristisches Fachgebiet hinaus mit seinen vielseitigen Interessen auf dem Laufenden zu halten.[17] Von solcher finanziellen Bewegungsfreiheit war sein Vater weit entfernt. Das läßt sich auch ohne Kenntnis seiner privaten Verhältnisse aus dem Bücherverzeichnis selbst ablesen. Von den 286 Katalognummern entfallen 47 auf Werke des 16. und 17. Jahrhunderts, die zweifellos aus dem Nachlaß von Claudius' Vater, des Reinfelder Pastors Matthias Claudius (1703-1773) stammen und vermutlich auch schon im Besitz von dessen Vater waren. Ferner dürften die Bücher, die zur Lebenszeit des Vaters erschienen sind, größtenteils ebenfalls zu dessen Nachlaß gehört haben.[18] Und bei den Zugängen an zeitgenössischer Literatur

---

[15] Vgl. Glagla, Die Familie des „Wandsbecker Boten", S.151 f.

[16] Ebd., S.176-178.

[17] Der Auktionskatalog ist in neun Abteilungen untergliedert. Die erste und umfangreichste Abteilung Rechtswissenschaft umfaßt 746 Nummern, die übrigen rund 1000 Nummern verteilen sich auf die anderen Wissensgebiete wie Theologie, Geschichte, Geographie, Klass. Philologie usw. Bemerkenswert ist Friedrich Claudius' großes Interesse für Sprachwissenschaften und für die neue Disziplin der Germanistik.

[18] Einige Bücher mit dem Besitzvermerk „M. Claudius Pastor Reinfeldensis" befinden sich übrigens im historischen Kernbestand („Butendach-Bibliothek") der Bibliothek der Ev.-Reformierten Gemeinde Lübeck, vgl. B. Tiemann, Die Butendach-Bibliothek, S.158. Nachdem sich die Söhne des Reinfelder Pastors Claudius aus seinem Büchernachlaß bedient hatten,

ist neben Erwerbungen durch Kauf mit zahlreichen Dedikationsexemplaren befreundeter Autoren und sonstigen Geschenken zu rechnen.[19] Claudius wird sich jeden Buchkauf im Hinblick auf seinen Geldbeutel reiflich überlegt haben. Eine genaue Analyse seines Bücherbesitzes und vorab die Aufbereitung der Titel im Auktionskatalog muß aber einem späteren Bearbeiter überlassen bleiben.

Angesichts der Vielzahl von Büchern verschiedenster Art, die Claudius in seinen Werken direkt oder indirekt zitiert, die er aber mit Sicherheit nicht alle selbst besaß, stellt sich die Frage, wo er Zugang zu weiterer Literatur gefunden haben mag. An zwei Textstellen erwähnt er jeweils eine ihm nahestehende Person, unter deren Büchern er sich umsehen konnte: In seiner Besprechung der *Physiognomischen Fragmente* von Johann Caspar Lavater im III. *Asmus*-Teil 1778[20] bemerkt er im ironisch-witzigen Ton, durch den er seine grundsätzliche Kritik an der physiognomischen Methode zur Menschenkenntnis formal abzumildern sucht:

> Da die Herren Kollegen verschiedentlich über dies Buch geperoriert [sich ausgelassen] haben; so werde ich wohl nicht schweigen, denn das müßte schlecht sein, wenn ich nicht noch weniger von der ganzen Sache verstünde als einer von

---

wird der Rest wohl versteigert worden sein. Otto Friedrich Butendach (1730-1798), auf den die genannte Sammlung zurückgeht, war ein vielseitiger Gelehrter und seit 1762 Prediger der Lübecker Reformierten Gemeinde (Vorgänger von Johannes Geibel). Zur Vervollständigung seiner Bibliothek, die er testamentarisch seiner Gemeinde stiftete, beobachtete er ständig den Auktionsmarkt.

[19] Verschiedene Buchschenkungen sind brieflich belegt. Hier einige Beispiele: Am 1.7.1779 bedankt sich Claudius bei Caroline Herder für die „Volkslieder" (Cl., Br.I, Nr.199) und am 23.1.1782 schreibt er an Voß (ebd., Nr.239): „Viel Dank für die Odyssee, i.e. für das Exemplar und für die Uebersetzung, die ich ganz vortrefflich finde." Aus dem Brief an Herder vom 3.10.1785 (ebd., Nr.265) ist zu entnehmen, daß Claudius aus Herders Hand den ersten Teil von dessen *Ideen zur Philosophie der Geschichte der Menschheit* erhalten hat, und im Brief an Gleim vom 19.3.1787 (ebd., Nr.268) bedankt er sich für das „goldne Büchlein" (*Die Goldnen Sprüche des Pythagoras*, aus dem Griech. von Gleim, 1786). Vielfach aber sind die Titel der verdankten Bücher nicht genannt. Bemerkenswert ist in diesem Zusammenhang auch ein sonderbarer Bücher*schwund*, den Frau Rebecca entdeckt hat und den Claudius im Brief an Voß vom 20.12.1778 (ebd., Nr.190) zur Sprache bringt: „Man beschuldigt Euch hier, daß Ihr von unsern Büchern mit eingepackt habt oder durch Mamsell Mettel habt einpacken lassen, näml. sagt meine Frau, 1) Briefwechsel akademische Freunde 2ter Teil. 2) Aus dem geheimen Tagebuch eines Engländers, ein kleines Büchelein. 3) Physiognomische Reise und mehr dergleichen. Seht nach und speit sie wieder aus." – Keiner der hier genannten Titel findet sich im Auktionsverzeichnis.

[20] Cl., SW, S.116-119. Die *Physiognomischen Fragmente* erschienen in 4 „Versuchen" (Teilen) von 1775-1778. Claudius hatte, seinem Text und der Überschrift zufolge, nur ein einziges Buch vor sich, wahrscheinlich den 3. Versuch von 1777, in dem er auch einem Schattenriß von sich selbst begegnen konnte, s. Claudius-Katalog, Nr. 11/38 mit Abb.

ihnen: und dazu hab ich das Buch nur zweimal einen halben Tag bei einem vornehmen Gönner gelesen [...].

Die andere Textstelle ist ein Brief, den Claudius am 12.2.1792 an die Fürstin Amalia Gallitzin in Münster schrieb.[21] Nach dem ersten Besuch der Fürstin in Wandsbek im Februar 1791 (dem noch zwei weitere folgen sollten) tauschten sich beide, der gestandene Protestant und die katholische Konvertitin, in Sachen religiöser Lektüre aus. Im vorliegenden Brief dankt Claudius zunächst für den „Augustinus", den er bald mit den übrigen „Brosamen" (kleineren Schriften) zurückschicken wolle. Dabei merkt er an, daß er die *Confessiones* des Augustinus in Latein selber besitze[22], dennoch sei er nicht abgeneigt, für die, die kein Latein verstehen, eine französische Ausgabe entgegenzunehmen, falls die Fürstin ein Exemplar übrig habe. Dann listet er acht Titel von Büchern mystischen Inhalts auf, die er aber, wie er vorausschickt, nicht selber besitze:

> Ich habe einen guten Freund, der viele solcher Schriften hat und täglich dazu kauft; ich bin dieser Tage bei ihm gewesen, seine neuen *acquisitiones* zu besehen und will einige von den vorzüglichsten hersetzen, wenn sie Ihnen etwa nicht bekannt wären.

Im Anschluß an die Liste schreibt Claudius, daß er seiner Briefpartnerin, falls ihr einige der Bücher nicht bekannt sein sollten, näheren Bescheid geben wolle, wenn er sie gelesen habe.[23] Und im weiteren Textverlauf zeigt er sich erkenntlich für das Neujahrsgeschenk (Lieder- oder Gebetszettel?), mit dem die Fürstin seine Kinder bedacht hat: „Ich lege Ihnen dagegen einige Lieder von Taulerus bei, zum Behalten oder Abschreiben, wie Sie wollen. Sie stehen in einer uralten Ausgabe seiner Werke [...]."[24]

Da Claudius keinen Namen genannt hat, lassen sich nur Vermutungen darüber anstellen. bei wem er die oben genannten Bücher vorgefunden hat. Seit Mitte der 1770er Jahre war er eng befreundet mit dem Hausarzt der Familie, Dr. med. Carl Johann Heise (1744-1826) in Hamburg, der sich zu

---

[21] Textauszug in Cl., Br.I, Nr.180.

[22] Nicht im Auktionsverzeichnis.

[23] Von den aufgelisteten Werken, die Claudius auch zu lesen gedenkt, seien hier hervorgehoben eine deutschsprachige Ausgabe der Schriften des Johannes a Cruce und *Der Cherubinische Wandersmann* von Angelus Silesius (Johannes Scheffler). Vgl. auch Anm.28.

[24] Eine Frankfurter Ausgabe der Predigten und übrigen geistlichen Schriften von Johannes Tauler aus dem Jahre 1720 ist im Katalog Friedr. Claudius unter der Nr. 836 verzeichnet. Nach Johannes Setteles Aufzeichnungen (Herbst, Claudius, S.206-210, hier S.208) pflegte Claudius an den Sonntagabenden der Familie eine Predigt aus dem „Taulerus" vorzulesen.

einem passionierten Büchersammler entwickelte.[25] Am Ende seines Lebens besaß er eine der größten Privatbibliotheken in Hamburg. Der Auktionskatalog, der 1827, im Jahr nach seinem Tod, erschien, besteht aus zwei Bänden. Der erste Band umfaßt, beginnend mit Theologie, alle Wissensgebiete außer der Medizin, die den zweiten Band ausmacht. Unmittelbar zugänglich ist nur der erste Band[26], der in der Universitätsbibliothek Rostock vorliegt und seit kurzem auch als digitalisierte Volltextausgabe der SUB Hamburg einsehbar ist.[27] Beide Bände sind laut WorldCat nur in der New York Public Library vorhanden und nicht ausleihbar. Der erste Band enthält allein 7744 Gebotsnummern, woran sich der Umfang der Bibliothek ermessen läßt. Und natürlich lag es nahe, hier nach Lavaters *Physiognomie* und den im Brief an die Fürstin Gallitzin aufgelisteten Büchern zu suchen. Aber die Suche war, abgesehen von zwei Titeln der mystischen Schriften[28], ergebnislos. Überhaupt scheint Heise, wenn nicht alles täuscht, erst für Claudius' späteste Schaffensperiode seit etwa der Jahrhundertwende als Leihgeber in Betracht zu kommen. Es muß also noch einen anderen Ort gegeben zu haben, wo Claudius sich mit Literatur versorgen konnte, und der dürfte in unmittelbarer Nachbarschaft in Wandsbek zu suchen sein. Mit dem „vornehmen Gönner", bei dem er zweimal einen halben Tag lang Lavaters *Physiognomie* studiert hat, könnte der Gutsherr Baron Heinrich Carl von Schimmelmann (seit 1779 Graf) gemeint sein, der als dänischer Schatzmeister in Kopenhagen residierte und immer nur vorübergehend in Wandsbek anwesend war. Der „gute Freund" aber, bei dem Claudius anscheinend frei ein- und ausging, dürfte der Wandsbeker Pastor Johann Nicolaus Milow sein.

Milow (1738-1795) gehörte zu den „gelehrten Theologen" seiner Zeit, die Heinrich Döring in einem biographischen Nachschlagewerk versammelt hat.[29]

---

[25] LhS III, Nr.1517 (Heise, Karl Johann 2). - Die Freundschaft zwischen beiden Männern drückt sich u.a. in gegenseitigen Widmungsgedichten aus. In Heises Gedicht auf den Tod seines Freundes heißt es „Mag doch die Welt nichts andres von mir lesen, / Als daß ich vierzig Jahr Dein Freund gewesen." (*Meinem Claudius. Hamburg, den 21 Januar 1815.* Einzeldruck im Staatsarchiv Hamburg: A 753/0012 Kapsel 01.)

[26] *Bibliothecae, qua usus est Carolus Joannes Heise, Med. Dr., Pars I. Die 14. Maii a. 1827 sollenni auctionis lege distrahenda in aedibus b[eati] Possessoris.* Hamburg (1827: Vorwort).

[27] Die digitalisierte Ausgabe ist entweder über den Buchtitel im Campus-Katalog der SUB Hamburg zu erreichen oder direkt unter der Internetadresse: http://resolver.sub.uni-hamburg.de/goobi/PPN783116039.

[28] Heise-Katalog, Nr.1242 f): [Thomas Bromley:] *Der Weg zum Sabbat der Ruhe*, Amsterdam 1709, und Nr.1262: Christian Hoburg: *Theologia mystica oder geheime Kraft-Theologie*, 3 Teile, Amsterdam u. Frankfurt a.M. 1700.

[29] Döring, Die gelehrten Theologen II, S.542 f.; s.a. LhS V, Nr.1517 (S.295 f.). Milows Werdegang ist im einzelnen beschrieben in den Lebenserinnerungen von M.E. Milow, S.78 ff.

Als gebürtiger Hamburger, aus ärmlichen Verhältnissen stammend, besuchte er dank fremder Unterstützung das Gymnasium Johanneum und studierte von 1760 bis 1763 in Göttingen Theologie. Anstatt aber anschließend nach Hamburg zurückzukehren, um das Kandidatenexamen (Befähigungsnachweis für ein Predigeramt) abzulegen, ging er nach Kiel in der Absicht, eine wissenschaftliche Laufbahn einzuschlagen. Schon in Göttingen war sein großes Interesse für orientalische Sprachen erwacht, das ihn sein Leben lang begleitete, und ebenso seine Lust am Büchersammeln, für die er einen Teil seines Stipendiums opferte. In Kiel erlangte er 1764 die Magisterwürde in Philosophie, und 1765 wurde er zum außerordentlichen Professor für Philosophie berufen. Das kärgliche Gehalt führte aber dazu, daß er sich verschuldete und 1768 um seine Entlassung nachsuchen mußte. Daraufhin nahm er die Stelle eines Hofmeisters an der Lüneburger Ritterakademie an. Nachdem sich jedoch seine Hoffnung auf eine Professur an der Ritterakademie zerschlagen hatte, wurde er 1769 Pastor an der St.Johannis-Kirche in Lüneburg. Noch im selben Jahr heiratete er seine Braut Margarethe *Elisabeth (Betchen)* Hudtwalcker (1748-1794), Tochter des Hamburger Kaufmanns und Oberalten Heinrich Jacob Hudtwalcker. Um für die bald wachsende Familie eine einträglichere Stellung zu finden, streckte er seine Fühler nach Hamburg und nach Kopenhagen aus. Da kam im August 1772 die Nachricht, daß in Wandsbek der junge Pastor Gotthilf Emanuel Hahn (Jg. 1745) soeben gestorben sei. Hahn war 1770 in Wandsbek eingeführt worden und hatte noch im März 1772 das Ehepaar Claudius getraut. Bei einer geschäftlichen Begegnung mit Schimmelmann machte Vater Hudtwalcker auf seinen Schwiegersohn aufmerksam. Und Schimmelmann war an einem ‚gelehrten Pastor' sicherlich sehr gelegen, da er bemüht war, das Ansehen Wandsbeks gegenüber der Reichsstadt Hamburg in jeder Hinsicht zu heben (auch Pastor Hahn war übrigens Magister). Die vereinbarten Konditionen müssen sehr günstig gewesen sein, da Milow von Hamburg und Kopenhagen absah und sich für das ländliche Wandsbek entschied. Am 31. Oktober 1772 wurde er in Wandsbek eingeführt.

Über das freundnachbarschaftliche Verhältnis zwischen den Familien Milow und Claudius sind nur spärliche Nachrichten überliefert.[30] Zu den gemeinsamen Aktivitäten gehörte das regelmäßige Musizieren: „alle Mittwoch haben wir ein Concert bey uns und die andre woche bey Milow [...] da gets herlich

---

[30] Aus dem Manuskript von M.E. Milows Lebenserinnerungen ist vonseiten der Familie gerade der Teil entfernt worden, in dem eine Schilderung des Lebens in Wandsbek zu erwarten gewesen wäre. Der Grund dafür ist nicht bekannt.. – Als zusätzliche Erwerbsquelle unterhielt Milow ein „Philanthropin" (Lehrinstitut für Knaben), worüber Claudius im Brief an Voß vom 3.11.1782 (Cl., Br.I, S.298) berichtet.

her", so Rebecca Claudius am 13.11.1778 an Ernestine Voß.[31] Und für Pastor Milow war es keineswegs unter seiner Würde, zu den Kegelabenden zu erscheinen, die im Garten des Behn'schen Gasthauses abgehalten wurden und bei denen Claudius präsidierte.[32] Indessen werden die beiden Männer auch vertrauliche Gepräche miteinander geführt und sich u.a. über religiöse Fragen ausgetauscht haben. Ein theologisches Thema der damaligen Zeit, das offensichtlich beide bewegte, war die Frage nach der Seligkeit der Heiden. 1784 veröffentlichte Milow eine Schrift mit dem Titel: *Des Apostels Pauli Erklärung Röm. 2,1-29 über das künftige Schicksal guter und rechtschaffener Heiden.*[33] Claudius griff das Thema einige Zeit später in seiner Abhandlung „Über die Unsterblichkeit der Seele" auf, die im V. *Asmus*-Teil 1790 erschien.[34] Als *sichtbaren* Beweis für die Unsterblichkeit der Seele verweist er auf die „Tugendhaften", das sind in seinen Augen Menschen, die in unerbittlichem Kampf um ihre innere Freiheit die „Welt" überwinden und somit Zeugen sind für das „Ewige und Unsterbliche". Um zu zeigen, daß es solche „Tugendhaften" zu allen Zeiten gegeben habe, stellt er als Beispiele zwei weise Männer aus vorchristlicher Zeit vor: Konfuzius und Sokrates. Den chinesischen Weisen läßt er zu Wort kommen[35] aus einem alten, recht seltenen Buch, daß er bei Milow vorgefunden haben muß (jedenfalls ist es nicht bei Heise verzeichnet): *Confucius Sinarum Philosophus sive Scientia Sinensis Latine exposita*. Dies ist ein Sammelwerk jesuitischer Missionspatres, das in prächtiger Ausstattung 1687 in Paris erschien. Das einzige Exemplar im ganzen nordelbischen Raum befindet sich heute in der Eutiner Landesbibliothek.[36] Und nach dem, was bisher über seine Provenienz bekannt ist, könnte es sich dabei durchaus um eben dasselbe Exemplar handeln, durch das sich Matthias Claudius mit den altchinesischen Weisheitslehren vertraut gemacht hat.[37] – Die Möglichkeit, Milows Bibliothek jederzeit frei nutzen zu

---

[31] Nach W. Stammler, Claudius, S.251 (Anm.18 zu Kap.VII).

[32] Nach den Lebenserinnerungen von Ernestine Voß, Abschnitt „Wandsbeck, vom Sommer 1777 bis zum Herbst 1778", Auszug im Claudius-Kat., Nr.18/3 (S.179).

[33] Druckort Wandsbeck. Nachgewiesen bei Döring und in LhS wie Anm.27. Claudius wird mit Sicherheit ein Exemplar der heute nicht mehr auffindbaren Schrift besessen haben

[34] Cl., SW, S.279-291.

[35] Ebd., S.288 f.

[36] Vgl. Lühmann, Konfuzius in Eutin.

[37] Nach Lühmann (wie vorige Anm.) gelangte der *Confucius* 1816 in die Großherzogliche Bibliothek in Eutin. Vorbesitzer war der Kieler Privatier und „Popular-Philosoph" August Moritz Appenfelder (geb. 1740), der gegen Ende seines Lebens seine umfangreiche Bibliothek dem Großherzog von Oldenburg Peter Friedrich Ludwig „aus inniger Verehrung" übereignete. Schon Appenfelders Vater Johann Georg Gottfried, seinerzeit Bürgermeister in

können, war für Claudius ein Glücksfall. Umgekehrt hatte aber auch er mit seinem Bücherbesitz einiges zu bieten, was den ‚gelehrten Pastor' interessieren mochte, zumal mit dem alten Bücherbestand aus dem Nachlaß seines Vaters. Und was auf beiden Seiten an „neuen *acquisitiones*" hereinkam – bei Milow zweifellos sehr viel mehr als bei Claudius – wurde gemeinsam beäugt und begutachtet. Das illustriert sehr schön eine Stelle im Brief von Claudius an Herder vom 12.1.1780[38]: „Viel Dank für Euer Buch. Ich schreibe Euch nächstens darob. Unser Pastor *loci*, Milow, will darüber mit Euch arguieren, wenn Ihr Lust habt, in Briefen näml., er ist ein guter Ebräer und Euer guter Freund."

Im VI. *Asmus*-Teil (1798) hat Claudius nochmals aus dem *Confucius Sinarum Philosophus* zitiert, und zwar einen Passus auf Lateinisch und einen anderen in deutscher Übersetzung.[39] Pastor Milow aber lebte nicht mehr, er ist am 10.1.1795 gestorben und seine Frau kurze Zeit vorher am 20.10.1794. Was aus Milows Privatbibliothek geworden ist, entzieht sich unserer Kenntnis. Jedenfalls stand sie Claudius wohl kaum noch zur Verfügung. Das hieße aber, daß Claudius auf Exzerpte zurückgreifen konnte, die er sich seinerzeit bei der Lektüre des Buches angefertigt hat. Und demnach wäre es denkbar, daß auch noch das eine oder andere Zitat in den letzten *Asmus*-Teilen sich früheren Auszügen aus Milows Bücherschätzen verdankt. Ansonsten aber war Claudius bezüglich der Versorgung mit Literatur jetzt auf die Unterstützung von anderer Seite angewiesen. Mit Sicherheit konnte er auf Freund Heise in Hamburg mit seiner umfangreichen Privatbibliothek zählen. Daneben aber muß es noch, wie an den nachstehenden Beispielen zu sehen ist, eine weitere Stelle gegeben haben, von der aus er unterstützt wurde Und das dürfte sein Schwiegersohn Friedrich Perthes (1772-1843) gewesen sein. 1796 hat Perthes mit der Gründung einer Sortimentsbuchhandlung in Hamburg eine neuartige Geschäftsidee innerhalb des Buchhandels verwirklicht. Dazu gehörte auch, daß er in seinem Laden fertig eingebundene Bücher anbot.[40] Das lockte Kundschaft an. Und erst recht wird Claudius es nicht versäumt haben, sich

---

Kiel, war ein eifriger Büchersammler. Daß aber der *Confucius* nicht etwa schon in der Bibliothek des Vaters vorhanden war, sondern vom Sohn erworben wurde, zeigt dessen Besitzvermerk im Buch. Und angesichts der Seltenheit des Buches ist die Annahme sehr naheliegend, daß August Moritz Appenfelder es aus dem Nachlaß des 1795 verstorbenen Wandsbecker Pastors Milow erworben hat.

[38] Cl., Br.I, S.265.

[39] Cl., SW, S.467 u. 476 f. Ein Hinweis auf den *Confucius* findet sich dann noch in *Asmus* VII (1803): Ebd., S.529.

[40] Daß Perthes daneben auch selbst Bücher verlegte und nach seinem privaten Umzug nach Gotha 1822 dort eine reine Verlagsbuchhandlung gründete, ist eine andere Sache.

bei seinen Besuchen im Hause Perthes im Buchladen umzusehen und auf Entdeckungen für seine eigene Schriftstellerei auszugehen. Wahrscheinlich hat ihn sein Schwiegersohn gelegentlich sogar direkt und gezielt unterstützt, etwa bei der Beschaffung der Vorlage für das dreibändige Übersetzungscorpus *Fénelons Werke religiösen Inhalts* (1800-1811), für das Perthes auch selbst das Verlagsrisiko übernahm. Eine erste genauere Kenntnis von Fénelons umfangreichem Werk könnte sich Claudius in Heises Bibliothek verschafft haben. Er selbst besaß bereits die Schrift *Dimostrazione dell'esistenza di Dio* in der italienischen Übersetzung von Albino de Sales von 1752 (Aukt.-Verz. Nr.278). Bei Heise war der französische Erzbischof mit der zweibändigen Amsterdamer Ausgabe der *Oeuvres Philosophiques* aus dem Jahr 1731[41] (Heise Nr.347-348) und mit vier Einzelschriften (Heise Nr.1186-1189) vertreten. Für seine Übersetzung benutzte Claudius jedoch die große, neunbändige Pariser Werkausgabe (1787-92)[42], wie Antoinette Fink-Langlois in ihrer Studie „Matthias Claudius als Übersetzer von Fénelons religiösen Schriften" überzeugend darlegt (S.283 f.). Angesichts einiger Abweichungen im Wortlaut der Texte hält die Autorin es allerdings für möglich, „daß Claudius neben der Pariser Ausgabe noch eine andere benutzt hat" (S.287). Hat Claudius also die *Oeuvres Philosophiques* aus Heises Bibliothek mit herangezogen? Im Anhang des dritten Teils seines „Fénelon" hat er einige Stellen aus den *Pensées* von Blaise Pascal übersetzt. Eine Ausgabe von 1679 stand in Heises Bibliothek in nächster Nachbarschaft (Heise Nr.334) zu Fénelons *Oeuvres Philosophiques*.

Hier noch einige weitere Beispiele zur Literaturversorgung des Wandsbecker Boten nach Pastor Milows Tod: Den VII. *Asmus*-Teil (1803), der eigentlich der letzte sein sollte, hat Claudius mit Übersetzungen aus Werken berühmter englischer Gelehrter aufgefüllt, und zwar mit Auszügen aus religiösen Texten, in denen die Vernunft *nicht* über den Glauben gestellt wird. Auf diese Weise suchte er, „in Ermanglung eignen Vermögens"[43], dem rationalistischen Zeitgeist zu begegnen. Von Robert Boyle (1627-1691) hat er einen längeren Textauszug in die Abhandlung „Eine Asiatiatische Vorlesung" eingeschoben.[44] Als Quelle gibt er den 6. Band aus der Werkausgabe von 1772

---

[41] Vervollständigter Titel: *Oeuvres Philosophiques, Ou Demonstration De L'Existence De Dieu, [...]. Nouvelle Edition, Où l'on a joint les Lettres du même Auteur sur divers sujets concernant la Religion & la Metaphysique, & ses Sermons.*

[42] *Oeuvres De M. François De Salignac De La Mothe Fénelon.* [Publ. par Yves Mathurin Marie de Querbœuf.]

[43] Cl., SW, S.572.

[44] Ebd., S.526-528. Die orientalistische Literatur, die Claudius in der „Asiatischen Vorlesung" (S.499-535) heranzieht, wäre gesondert zu betrachten.

an[45], und daraus „The Exellency of Theology, or Preeminence of the Study of Divinity above that of Natural Philosophy, und andre Abhandlungen". Bei Heise hätte Claudius eine Reihe von Boyle's Veröffentlichungen aus dem 17. Jahrhundert, sowie eine dreibändige Auswahl aus den philosophischen Werken von 1738 finden können, auch besaß er selbst eine Ausgabe *Opera varia* von 1714 (Aukt.-Verz. Nr.28). Den Zugang zur damals neuesten Gesamtausgabe muß ihm aber wohl Perthes vermittelt haben. – Von Francis Bacon (1561-1626) hat Claudius aufeinanderfolgend zwei Texte übersetzt: Zunächst „Das letzte Kapitel aus dem unvergesslichen und vergessenen Werk des Grosskanzlers Franz Baco v. Verulam: De dignitate et augmentis scientiarum"[46]. Da weitere bibliographische Angaben fehlen, scheint es sich bei der Vorlage um eine Einzelveröffentlichung des Werkes zu handeln, und demnach wohl um die Ausgabe von 1652 aus Heises Bibliothek (Nr.2176). Der nächste Text ist überschrieben: „Bacons Glaubensbekenntnis"[47]. Als Quelle gibt Claudius den 2. Band der 1753 in London erschienenen Werkausgabe an, die Heise nicht besaß. – An die beiden Auszüge aus Bacon's Werken schließt sich als letzte der Übersetzungen der vergleichsweise kurze Text an: „Aus Newtons Observationen zum Propheten Daniel, das 11. Kapitel, *darin er die Zeiten der Geburt und der Leiden Christi zu bestimmen sucht.*"[48] Laut Fußnote stammt der Textausschnitt aus Newton's *Opuscula mathematica, philosophica, et philologica,* Lausanne und Genf 1744, und zwar aus dem 3. (letzten) Teil. Im Heise-Katalog ist diese Ausgabe verzeichnet, aber nur mit den Teilen 1 und 2 (Nr.3053-54). Demnach ist nicht auszuschließen, daß auch der von Claudius benutzte 3. Teil aus Heises Bibliothek stammte, jedoch aus irgendwelchen Gründen nicht den Weg zurück gefunden hat. Auch Bücher haben ja bekanntlich ihre Schicksale.

Zum Schluß noch einmal ein Blick auf das Auktionsverzeichnis! Daß darin vereinzelt auch Bücher aufgeführt sind, die erst nach Claudius' Tod erschie-

---

[45] *The works of the Honourable Robert Boyle. In six volumes. To which is prefixed The life of the author,* London 1772, Neuausgabe der fünfbändigen Werkausgabe von 1744.

[46] Cl., SW, S.552-561.

[47] Ebd., S.562-568.

[48] Ebd., S.169f. Darauf folgt (S.570-572) ein „Postkript an Andres", in dem Claudius als Asmus seinem fiktiven Briefpartner erklärt, was ihn zu den Übersetzungen bewogen hat: „Ich leugne Dir nicht, Andres, daß ich an diesem Robert Boyle, an diesem Franz Bacon und an diesem Isaak Newton meine große Freude habe. Nicht sowohl der Religion wegen, die kann, versteht sich von selbst, durch Gelehrte nicht verlieren noch gewinnen, sie mögen klein oder groß sein. Aber es freut […], wenn man solche Männer mit *ihren Einsichten* sich nicht weise dünken, und sie, nachdem sie in die Geheimnisse der Natur tiefer als andere eingedrungen waren, lehrbegierig und mit dem Hut in der Hand, neben dem *Altar* und den größern Geheimnissen Gottes stehen sieht […]."

nen sind, bedarf vielleicht einer Erklärung. Dabei handelt es sich um 9 Titel, von denen vier dem Verlag von Friedrich Perthes zuzuordnen sind. Für Perthes war es eine Selbstverständlichkeit, die Fortsetzungsbände von F.L. Stolbergs *Geschichte der Religion Jesu Christi* (Nr.191-205) nunmehr an seine Schwiegermutter auszuhändigen. Ebenso hat er ihr später die *Gesammelten Werke der Brüder Christian und Friedrich Leopold Grafen zu Stolberg* zukommen lassen, die 1820-25 in 20 Bänden erschienen: Im Brief an Perthes vom 1./9.1.1823 bedankt sich Rebecca Claudius für die „Neue Ausgabe von Stolbergs Wercken", d.h. für den gerade neuerschienenen Teil, den sie als Neujahrsgeschenk erhalten hat.[49] Diese Ausgabe fehlt allerdings im Auktionsverzeichnis. – Aus Perthes' Verlag stammen weiterhin die unter den Nrn. 127, 172 und 173 verzeichneten Bücher, und als Geschenke von Perthes an seine Schwiegermutter sind wohl auch die beiden Bücher fremder Verlage unter den Nrn. 123 und 176 anzusehen.[50] – Die *Betrachtungen über einzelne Abschnitte der Heiligen Schrift* (Nr.86) stammen aus der Feder von Amalie Sieveking (1794-1859), Nichte des Hamburger Großkaufmanns und Aufklärers Georg Heinrich Sieveking (1751-1799), Gründerin des „Weiblichen Vereins für Armen- und Krankenpflege" in Hamburg, der wegweisend für die Diakonie in ganz Deutschland wirkte. Zwischen Rebecca Claudius und der Sieveking'schen Familie bestand nachweislich ein eng vertrautes Verhältnis.[51] – Unter der Nr. 130 ist ein Buch von J[ohann] F[riedrich] Jacobi (1712-1791) verzeichnet, das bibliographisch nicht ermittelt werden konnte: *Über Christenthum und Mensch-Jesuthum*, Mainz 1819. Dabei dürfte es sich um einen Auszug aus den Werken des lutherischen Theologen und Schriftstellers Jacobi handeln, eines Großonkels von Claudius' Schwiegersohn Maximilian Jacobi, wodurch sich die Herkunft des Buches erklärt. – Von eben derselben Seite dürften auch die Hefte der Sulzbacher Jahresschrift *Andenken für Freunde*[52] 1807-1819 (wohl in 2 Bänden zusammengefaßt: Nr.231-32) in den Büchernachlaß von Claudius eingegangen sein: Der

---

[49] Glagla, Die Familie des „Wandsbecker Boten", S.82.

[50] Beide Bücher richten sich an Leser aus dem einfachen Volk, wie die vervollständigten Titel zeigen: Nr. 123: *Carl Friedrich Hempel, Geschichte der Reformation für den protestantischen Bürger und Landmann*, 2. Aufl., Leipzig 1817; Nr.173: *Religion der Bibel, ein Buch für jeden Menschen von Sinn und Gefühl*, Gotha 1826. Verleger letzteren Buches war Perthes' Schwiegersohn Friedrich Gottlieb Becker, der gleichzeitig Perthes' Schwager war, nachdem Perthes 1825 in zweiter Ehe Beckers Schwester Charlotte, verw. Hornbostel, geheiratet hatte.

[51] Vgl. Glagla, Die Familie des „Wandsbecker Boten", S.83 (Rebecca Claudius an Friedrich Perthes, 1./9.1.1823).

[52] Die Hefte von durchschnittlich 50 Seiten erschienen für die Jahre 1793-1821/22. Der Drucker v. Seidel („gedruckt mit J.E. v. Seidels Schriften") dürfte auch der Herausgeber sein.

Jahrgang 1807 ist vom Herausgeber seinem „theuersten und verehrtesten Freund" Friedrich Heinrich Jacobi (Vater von Maximilian Jacobi) „als ein Pfand der reinsten Liebe" gewidmet. – Zusammenfassend läßt sich sagen, daß es sich bei den nachträglichen Zugängen um Schriften handelt, die der Witwe Rebecca Claudius von verschiedenen Seiten, insbesondere von ihrem Schwiegersohn Perthes, überreicht worden sind.

Die nachstehende Abbildung zeigt die Notiz von Friedrich Claudius auf dem Umschlag, in dem der Katalogauszug an ihn versendet wurde. Dann folgt nach dem kurzen Literaturverzeichnis der Katalogauszug selbst, und zwar im selben Format wie die originale Vorlage.

Literatur

Bühring, Gernot: Edition zweier Übersetzungen von Matthias Claudius. In: Auskunft 14 (1994), S.405-422.

Cl., Br.I–II = Matthias Claudius: Briefe an Freunde, hrsg. v. Hans Jessen, Berlin-Steglitz 1938 (= Claudius: Briefe, Bd. I); ders.: Asmus und die Seinen. Briefe an die Familie, hrsg. v. Hans Jessen u. Ernst Schröder, Berlin-Steglitz [1940] (= Claudius: Briefe, Bd. II).

Cl., SW = Matthias Claudius: Sämtliche Werke. (Textredaktion: Jost Perfahl), 5. Aufl., München 1984.

Claudius-Katalog = Matthias Claudius 1740-1815. Ausstellung zum 250. Geburtstag. Hrsg.: Helmut Glagla u. Dieter Lohmeier, Heide i.H. 1990.

Döring, Heinrich: Die gelehrten Theologen Deutschlands im achtzehnten und neunzehnten Jahrhundert, 4 Bde., Neustadt a. d. Orla 1831-35.

Fink-Langlois, Antoinette: Matthias Claudius als Übersetzer von Fénelons religiösen Schriften, in: Matthias Claudius 1740-1815. Leben - Zeit - Werk, hrsg. v. Jörg-Ulrich Fechner, Tübingen 1996, S.277-310.

Glagla, Helmut: Die Familie des „Wandsbecker Boten" Matthias Claudius nach dem Tod des Hausvaters 1815. 2., durchges. Aufl., Norderstedt 2015.

– Der Handschriftenbestand der Claudius-Sammlung von Pastor Ernst Schröder (1863–1945) in der Staats- und Universitätsbibliothek Hamburg. Mit Inventarverzeichnis, in: Auskunft 14 (1994), S.333–404.

– Ein Weihnachtsgeschenk für Anna Rebecca Claudius 1781. Über eine bisher unbekannte Quelle für das Denken des Wandsbecker Boten, in: Festschr. f. Horst Gronemeyer zum 60. Geburtstag, hrsg. v. H. Weigel, Herzberg 1993, S.381-420.

Herbst, Wilhelm: Matthias Claudius, der Wandsbecker Bote. Ein deutsches Stillleben, 4. Aufl., Gotha 1878.

LhS = Lexikon der hamburgischen Schriftsteller bis zur Gegenwart. Begr. v. Hans Schröder, 8 Bde., Hamburg 1851–1883.

Lühmann, Werner: Konfuzius in Eutin. *Confucius Sinarum Philosophus* – Die früheste lateinische Übersetzung chinesischer Klassiker in der Eutiner Landesbibliothek, Eutin 2003.

Milow, Margarethe E.: Ich will aber nicht murren. Hrsg.: Rita Bake u. Birgit Kiupel, (Bd.1: Lebenserinnerungen), Hamburg 1987.

Stammler, Wolfgang: Matthias Claudius, der Wandsbecker Bothe. Ein Beitrag zur deutschen Literatur- und Geistesgeschichte, Halle a. d. S. 1915.

Tiemann, Barbara: Die Butendach-Bibliothek in der Reformierten Kirche zu Lübeck. Der Sammler und seine Sammlung, in: Zeitschrift des Vereins f. Lübeckische Geschichte u. Altertumskunde 65 (1985), S.143-221.

Verzeichniss

verschiedener sehr interessanter

Bücher - Sammlungen,

aus den meisten Fächern der Wissenschaften,

besonders der

Theologie, Biographie, Geschichte, Erdkunde und Belletristik;

worunter sich vorzüglich eine

Sammlung

Engl., Franz. u. Spanischer Werke

auszeichnen,

so wie mehrere werthvolle

Musikalien und Landkarten,

welche am 20. Januar 1834 und folgenden Tagen

in Altona,

in dem Hause No. 52 auf der grossen Freiheit,

neben dem engl. Garten,

durch den Herrn Auctionsverwalter *Behre*

öffentlich verkauft werden sollen.

HAMBURG, 1833.

Gedruckt bei J. A. Wagener, Jacobi Kirchhof No. 29.

Vorwort.

Unter den nachfolgenden Sammlungen zeichnen sich vorzüglich die beiden Ersten durch ihre Reichhaltigkeit deutscher Klassiker, als: Schiller, Göthe, Klopstock, Herder, Wieland, Thümmel, Lichtenberg etc. so wie durch eine vortreffliche Anzahl biographischer und geschichtlicher Werke, Hamburgensien, Reisen, Gedichte, Schauspiele, Romane, sprachwissenschaftliche Bücher, Encyclopädien (worunter Ersch und Gruber und 2 Conversationslexica) Zeitschriften und Landkarten aus.

Seite 117 beginnt eine sehr interessante Sammlung neuer und älterer **Englischer Werke**, worunter mehrere mit sauber colorirten und schwarzen Kupfern.

Seite 127 und folg. sehr werthvolle **Französische Werke**, worunter mehrere Prachtwerke

IV

als: Buchoz Planches enluminées de l'histoire naturelle, Tableaux de la Revolution françoise, so wie Seite 133 die neueste Ausgabe der Oeuvres de Buffon. Auf derselben Seite beginnt die spanische, portugiesische und italienische Litteratur.

Nicht unbedeutende Musikalien befinden sich Seite 138 und 139, so wie Seite 173 bis 182.

Die 3te Sammlung enthält grösstentheils theologische Werke und manche alte litterarische Seltenheiten.

Den Schluss macht eine Sammlung Landkarten, so wie Pag. 194. einige nach der Anction am 17. Juny v. J. zurückgegebene Bücher, nemlich: Spix Avium und piscium Brasil, und Vues des Côtes de France.

* * *

Aufträge übernehmen in Altona:
Herr Pastor Niemann, heil. Geist-Kirchhof No. 387.
- Auctionsgevollmächtigter Bauer, kl. Mühlenstrasse No. 400.

In Hamburg.
Herr J. H. Schwormstädt, Berg neue No. 15.
- J. Lazarus, neuen Steinweg neue No. 47.
- Blöcker, gr. Johannisstrasse neue No. 31.

Dritte Sammlung.

In Folio.

1 D. Basilii Magni - opera omnia ab Jano Cornario medico interpretata etc. Basil 552. Lb.

2 Biblia sacra, latine. Mit farbigen Anfangsbuchstaben. Hornbd.

3 Biblia, datt ys de gantze hillige Schrift, verdüdeschet dörch Dr. M. Luther. Wittemberch 565. Hornbd.

4. 5 Jo. Fr. Buddei, institut. theolog. dogmat. Lps. 723. 2 Tom. Hld. (Eigentlich in 4. mit breitem Rande.)

6 — 9 F. M. de Calasio, concordant. biblior. hebraicor. 4 Tom. Romae 621. Pp.

10 J. B. Casalii, de veterib. sacris Christianor. ritibus. Romae 647. Pp.

11 Rob. Constantini, Lexicon graeco - latinum, ed. 2, Fr. Porti. 592. Lb.

141

12 Matth. Cramer, le dictionaire royal - français-allemand, avec l'indice allemand - français, à Nuremberg 715. Pp.

13 Dionysii Areopagit. opera omnia à Joach. Perionio. Bened. conversa, Lutet. 566. Pp.

14 Basilii Fabri thesaurus erudit: scholast. ed. Andr. Aübelius, Lps. 710. Pp.

15 Sebast. Franck, die guldin Arch. 538. Pp. (Die erste, sehr seltene Ausg. ad. fin. Augspurg.

16 Dasselbe Werk. 539. ad. fin. Augspurg.

17 Otton. de Guericke experimenta nova Magdeburgica de vacuo spatio. Amst. 672. Pp.

18 Roperti Holcot opus praeclariss. sup. sapient. Salomon. Hornbd.

19 Rudolphi Hospiniani de origine et progressu monachatus etc ll. VI. Tiguri 588. Ld.

20 Joh. Matthesius, Bergpostilla, ober Sarepta. Nürnberg 587. Nebst angebundener Chronika der freien Bergstadt im St. Joachimsthal. Ld.

21 Philippi Mornayi de sacra eucharistia. ll. IV. Hanoviae 605. Pp.

22 a) Polydori Virgilii adagior. liber. b) Ejusd. de inventorib. rerum. ll. VIII. Basil 521. c) Joh. Reuchlini de verbo mirifico. ll. III. d) Ejusd. de arte cabalistica ll. III. Hagenau 517. Hornbd.

23. 24 Joh. Wolfii lectionum memorab. centenarii XVI. Lavingae 600. 2 Tom. Hld.

142

25 Andr. Ximenez descripcion del real monasterio de San Lorenzo del Escorial. En Madrid 764. Pp.

〰〰〰〰〰〰

In Quarto.

26 F. Altieri Dizionario italiano ed inglese. Lond. 726. Lb.
27 M. B. Offenbarung göttlicher Majestät. Ff. 619. Pp.
28 Rob. Boyle opera varia. Genevae 714. Pp.
29 J. Fr. Buddei historia ecclesiastica veter. testam. Ed. 3. Hal. Magd. 726. Lb.
30 Petr. Bungi Numerorum mysteria, Lutet Parisior 617. Pp.
31 — 36 Sämmtliche Werke des Wandsbecker Bothen, Tom 1 — 7. 6 Bde. Pp. (In 8vo. mit Papier durchschossen.)
37 Liber Cosri, cum versione latina et notis Joh. Buxtorfii, fil. Basiliae, 660. Pp.
38 J. Defauré, le cercle primitif. à Genève 768. Gh.
39 J. H. Döbelii collegium mnemonicum, oder Geheimnisse der Gedächtniß-Kunst u. s. w. Hmb. 707. Pp.

40 Hans Egede, Omstaendelig Relation angaaende den gronlandske Missions Begyndelse og Fortsaettelse, Kiöbenhavn 738. Hld.
41 J. B. Friderici cryptographia ober geheime Correspondenz. Hamb. 685. Pp.
42 G. Ch. Gebauers, Grundriß zu einer umständlichen Historie der europäischen Reiche und Staaten, ed. III. Lpz. 749. Hlb. (Mit Papier durchschossen und mit vielen schriftlichen Anmerkungen versehen.)
43 Der Glanz der Erscheinung Christi. Eine Epiphaniacantate. Ed. II. Augsb. 802. Gh.
44 J. G. von Herder, Erläuterungen zum neuen Testament aus einer neueröffneten morgenländischen Quelle. Riga 775 Gh.
45 F. H. Jacobi, über gelehrte Gesellschaften, ihren Geist und Zweck. München 807. Gh.
46 a. Joannis Jonsii, de scriptoribus histor. philosoph. ll. IV. ed. J. Ch. Dorn, Jenae 716. — b. J. G. Frickii, commentatio de Druidis. Ulmae 744. Hld.
47 Legenda aurea, auctore Jacob de Voragine. Matriti 688. Pp.
48 a. Jacob. Jehud. Leonis de templo Hierosolymit. ll. IV. ed. Ebraeo lacine recensiti a J. Sauberto. Helmaest. 665. — b. Herm. Convingii de civili prudentia. Ibid. 662. — c. Tit. Thomae de vectigalibus disputatio. Ibid. 665. — d. Joh. Boteri ll. III. de origine urbium, et Hippolytiba Collius. incrementa urbium. Ibid. 665. — e. Scipionis Clara montii $\Sigma\eta\mu\epsilon\iota\omega\tau\iota\varkappa\eta$ moralis, ll. X. cur. K. Conringii. Ibid. 665. — f. L. G. Lunde discurcus de via lactea. Ibid. 665. Pp.

49 Lexicon graecolatinum, seu epitome thesauri graecae linguae ab. H. Stephano constructi. Genevae 621. (Viel gebraucht.)
50 Ch. Ludwig, a dictionary english german and french. Second. edition. Lps. 736. (Der Einband zertiffen.)
51 R. Mosis Maimonidae de idololatria liber cum interpretat. latin. et notis Dionys. Vossii. Amst. 612. Pp.
52 —— Majemonidis liber doctor. perplexorum, in linguam latin. conversus a Joh. Buxtorfio, fil. Basil. 629. Ld.
53 Bened. Aviae Montani liber generationis et regenerationis Adam. Antverpiae 593. Pp.
54 Necker, mémoire au roi. à Londres 781. Gh.
55 Abrah. Sahlstedt, Swensk Ordbok met Latinsk Uttalkning, Stockh. 773. Pp.
56 Augustini Steuchi recognitio veter. testament. ad hebraicam veritatem. Venet. 529. Ld.
57 Gottlieb Stolles, Anleitung zur Historie der juristischen Gelahrtheit. Jena 775. Pp.
58 —— Anleitung zur Historie der Gelahrtheit, ed. IV. Jena 736. Hld.
59 a. Eman. Swedenborg, summaria expositio doctrinae novae ecclesiae Amst. 769. — b. Ejusd. delitiae sapientiae de amore conjugali, volaptates insaniae de amore scortatorio. Ibid. 768. Gh.
60 a. Synodus Ephesina, contra Nestorium. Neustadii in Palatinatu. 581. — Herm. Pacifici Theses et sententiae de coena domini. Ibid.

581. — c) Palat. Ked nadon a Strasvick dialogus de unione personali duarum in Christo naturarum. Genevae 583. — d) Angeli Masarelli epistola monitovia ad Jacobum Schroppium. Romae 582. — e) P. Warenburgi ab Altenkirchen Hamel mannia seu aries theologizans, Neapoli Nemetum 582. — f) Herman Beyer Provocation an Nicol. Selneker wegen des h. Abendmahles. Ibid. 582. Pp

61 Jacobi Thomasii, dissertationes ad stoicae philosophiae historiam facicates. Lipsiae 682. Gh.

62 a. J. Pierii, Valeriani hieroglyphica, ll. LVIII. Francof. 678. — b. Hieroglyphicorum collectanea. Ibid. 678. Pp.

63 a. J. G. Vossii de philosophia et philosophor. sectis, ll. II. Hagae-Cometis 658. — b. Ejusd. de logices et rhetoricae natura et constitutione ll. II. Ibid. eod. Pp.

64 ——— harmoniae evangelicae, ll. III. Amst. 656. Pp.

65 ——— dissertatio gemina de J. Ch. genealogia et annis etc. Amst. 643. Pp.

66 Zend-Avesta. Erster Theil. Riga 776. Pp.

67 H. Zschokke, wird die Menschheit bei den politischen Verwandlungen gewinnen oder verlieren? Gera 807. Gh.

146

In Octavo.

68 a Abriß der christlichen Lehre in Sprüchen. Hmb. 803. b) Erläuternde Winke zum Abriß. Ibid. eod. Steif gb.
69 Joh. Arndt, sämmtl. Bücher vom wahren Christenthume, mit vielen Kpf. Ff. 707. Ld. mit Goldschn. u. Haken.
70 Gottfried Arnold, Denkmahl des alten Christenthums, 2 Thle. nebst Erinnerung von Brauch u. Mißbrauch böser Exempel. Goslar 699. Pp.
71 Des h. Augustinus zwo Schriften von der wahren Religion und von den Sitten der katholischen Kirche, mit Beilagen u. Anmerkungen von Fr. L. Grafen zu Stollberg. Münster 803. Gh.
72 C. G. B. Lazarus der Knabe, Sterbende und Auferweckte; Homilien. Basel 807. Gh.
73 Freudige Hoffnungen für die Ausdauer der Bibel im 19ten Jahrh. Berl. 800. Gh.
74. 75 Desselben Verfassers, neue Uebersetzung und Bearbeitung der Bibel. Bd. 1 u. 2. Halle 801. Pp.
76 — 84 Clementis Becker, historia ecclesiastica practica, nebst 1 Bd. varii indices und einer Fortsetzung in deutscher Sprache. Monasterii 782 — 791. Ld. 9 Bde.
85 J. A. Bengels, Erklärung der Apocalypse von Cap. XIII. bis zum Schluße. Ohne Titelblatt. Pp.
86 Betrachtungen über einzelne Abschnitte der heiligen Schrift. Hmb. 823. Gh.
87 — 90 Briefe über das Mönchswesen 1772— 1781. 4 Bde. Gh.

91 a) J. Fr. Buddei delineatio commentationis de veritate religionis evangeliae, Jenae 729. b) Ejusd. Grundsätze der polcemischen Theolog e aus dem Lateinischen übersetzt. Jena 750. c) Ejusd. collegium über 99 Fragen. Jena 744. d) Notitia dissertationum J. Fr. Buddei. Jenae 728. Pp.

92. 93 Bunian, Eines Christen Reise nach der seeligen Ewigkeit. 2 Thle. Görlitz 1802. 1803. Gh.

94 Th. Burnet, Archaeologiae philosophicae, or the ancient doctrine concerning the originals of things, transl. by Foxton. Part. 1. Lond. 729. Hld.

95 J. Fr. Burscher, die Wahrheit der evangelischen Geschichte von Jesu. Lpz. 803. Pp.

96 A. Fr. Büsching, Nachricht von der Brüder-Unität. Halle 787. Pp.

97 Joach. Henr. Campii, Biblia sacra breviata Specimen I. Hamburgi 779. Gh.

98 — 100 Der Cardinal = Hut, oder Bericht von den Cardinälen u. s. w. s. l. 667 — 69. 3 Bde. Pp.

101 Ceremoniale consecrationis electi in episcopum, Monasterii 795. Gh.

102 a) Mart. Chemnitii, wohlgegründete Lehre von der wahren Gegenwärtigkeit des Leibes und Bluts Christi im heil. Abendmahl. Ff. 590. b) Joh. Olearius, 3 Predigten vom Unterschied der wahren und falschen Religion. 591. Hornbd.

103 a) Des heil. Clementis von Rom recognitiones übersetzt von Gottfr. Arnold. Berl. 702.

148

b) Joh. Mercker christliche Unterweisung u. s. w. 703. Pp.

104 a) Chr. Democriti vera demonstratio evangelica. das ist u. s. w. Ff. 729. b) Ejusd. aufrichtiger Protestant. 733. Hld.

105 J. Amos Comenius, das wiedergefundene Paradies und Albertus Magnus Tractat das Anhangens an Gott. Hmb. 774. Pp.

106 E. S. Cyprian, die Sittenlehre Christi. Coburg 707. Hpg.

107 (Dinter) Unterredungen über das Vaterunser. Neustadt 807. Pp.

108 Fr. E. Ditmar, religiöse Gedichte. Rostock 797. Pp.

109 Dionysii monachi de vita sacerdotali liber. Antwerp. 532. Gh.

110 Elias mit dem Buch der ganzen Welt an die ganze Welt. I. i. 770. Pp.

111 Aug. Herm. Franck, segensvolle Fußtapfen Gottes u. s. w. ed. III. Halle 709. Nebst Fortsetzungen. Ld.

112 Das Geheimniß des Kreutzes Jesu Christi, aus dem Französischen. Ff. 782. Pp.

113 Madame de la Motte - Guion, discours chretiens et spirituels. Tom I. à Paris 790. Gh.

114 — 18 Derselben Verfasserin Lettres chretiennes et spirituelles. à Londres 767. 68. Gh.

119 Nicolai Gürtleri historia templariorum. Amst. 691. Hpg.

120 Geistliche Handreichung nach dem Rathe des Herrn. Berl. 811. Gh.

121 Hauptinhalt der Lehre Jesu Christi, ed. II. Barby 778. Hld.
122 Joachim Heeschen, der neue holsteinische Apostel. Altona 798. Gh.
123 C. F. Hempel, Geschichte der Reformation, für Bürger und Landmann. Lpz. 817. Pp.
124 (J. G. Herder) Provinzialblätter an Prediger. Lpz. 774. Gh.
125 —— Lieder der Liebe. Lpz. 778. Gh.
126 Hermes, über das Selbst- oder Eigenwirken im Christenthum. Tüb. 802. Gh.
127 W. Hey, Auswahl von Predigten. Hmb. 829. Gh.
128 Joh. Hübneri, histor. sacr. CIV. latine reddit. ab. A. Krigel. Lps. 760. Ld. (Stark gebraucht.)
129 Ejusd. Biblische Historien, mit saub. Kupfern. Lauenburg 773. Ld.
130 J. F. Jacobi, über Christenthum und Mensch=Jesuthum. Mainz 819. Gh.
131 Des heil. Ignatius geistliche Uebungen. Münster 797. Gh.
132 — 34 Keleph Ben Nathan la philosophie divine. 3 Tom. 793. Gh.
135 J. Fr. Kleuker, Bemerkungen über den Begriff einer theologischen Encyclopaedie. Kiel 799. Gh.
136 Ejusd. Grundriß einer Encyclopaedie der Theologie, 1r Bd. Hmb. 800. Steif gh.
137 — 39 Ejusd. Ausführliche Untersuchung für die Aechtheit der schriftlichen Urkunden des Christen-

thums. 1 Bd. Lpz. 793. 2r Bd. in 2 Abthl.
Münster 798. I. u. II. 1. Steif gh. II. 2.
ohne Einband u. Titel.
140 a) J. E. F. U. L. Antiquitatum circa funera
et ritus veter. christianor. ll. VI. cum praefat.
J. Fabricii. Lps. 713. b) J. Ch. Männling
Lohensteinius sententiosus u. s. w. Breslau
710. Hpg.
141 J. C. Lavater, christliches Jahrbüchlein, ed. II.
Güstrow 774. Gh.
142 G. E. Lessing, vermischte Schriften. Thl. 5. u.
6. enthält kleine theologische Streitschriften u. f.w.
Lpz. 791. Pp.
143 Lettere sopra l'ordine della Trappa. 803.
Gh.
144 Lodoik, la voie de la science divine en 3 dialogues, trad. de l'anglais de W. Law. à Paris
805. Gh.
145 Loosungen und Lehrterte der Brüdergemeine.
Barby 797. Steif gh.
146 J. A. de Lüc, Privatcorrespondenz mit Dr.
Teller, aus dem Französischen übersetzt. Brschwg.
804. Gh.
147 Ejusd. Lettre sur l'essence de la doctrine de
Jesus Christ. à Braunswic 803. Gh.
148 Ejusdem, Principes de théologie, théodicée
et de morale. Hanovre 803. Steif gh.
149 Ejusdem Lettres sur le christianisme. à Berlin
801. Gh.
150 Ejusd. Lettres sur l'éducation religieuse de
l'enfance. à Berl. 800. Gh.

151

151 Ejusd. Lettre aux auteurs juifs d'un mémoire adressé à Mr. Teller. Berl. 799. Gh.

152 Ph. Marheinecke, Predigten zu Berlin gehalten. Berl. 814. Gh.

153 Petri van Mastricht vindiciae veritat. et authoritat. sacr. script. in rebus philosophicis. Ultrajecti 655. Pp.

154 J. Gabr. Maurenbrecher, Confirmations-Handlung in der Reformirten Kirche zu Kopenhagen. Kopenh. 792. Gh.

155 — 58 P. Beda Mayrs Vertheidigung der natürlichen, christl. und katholischen Religion. Augsburg 787 — 89. 3 Thle. in 4 Bänden. Lb.

159. 60 Peter Mortimer, die Missions-Societät in England. Barby 797 — 800. Hlb.

161 J. Laar, Moshemii institutiones histor. christian. in compendium redact. a. J. P. Millero ed. II. Helmstadii 761. Steif gb. (Gebraucht.)

162 a) Le vita et morte Mosis ll. III. cum observatin. G. Gaulmini, Pseudo Dorothei Aporpasmatia de vita prophetorum al. al. cum praefatione J. A. Fabricii. Hamborgi 714. b) Observationes selectae in varia loca. N. T. ed. J, A. Fabricii. Hamburgi 712. Pp.

163 Les mysteres les plus secrets des Jesuites, à Cologne 727. Pp.

164. 65 Nicole instructions theologiques et morales sur les sacremens. à Paris 719. Pp.

166. 67 Ejusd. instructions sur le symbole. à Paris 740. Pp.

152

168 — 71 G. J. Planck, G.schichte des protestantischen Lehrbegriffes, Bd. 1. ed. II. Lpz. 791. Bd. II. ed. II. ibid. 792. Bd. III. Abthl. 1 — 2. ibid. 788. 89. 4 Bde. Gh.

172 Robert Pollock, der Lauf der Zeit, übersetzt von W. Hey. Hmb. 830. Gh.

173 L. Polstorff, Blicke in die letzten Lebenstage unsers Herrn. Hmb. 822. Gh.

174 Précis de l'histoire et de la doctrine de la société dites des Quakers. à Londres 793. Gh.

175 Psalmorum liber, hebraice et latine. Basiliae 675. Pp.

176 Religion der Bibel. Gotha 826. Gh.

177 — 82 J. M. Sailer, Vollständiges Lese- und Gebetbuch für catholische Christen, mit 13 Kupf. ed. III. München 789. Hld.

183 Ejusd. Glückseligkeitslehre. Bd. 1. München 787. Ld.

184 J. E. Ch. Schmidt, Clavis über das neue Testament, lib. 1. Die Evangelien. Giessen 797. Pp.

185 Laurent. Scupuli certamen spirituale. August. Vindelicor. 781. Ld.

186 Dasselbe Werk, deutsch. Münster 793. Ld.

187 J. E. Schuberti institution. theolog. polem. pars secunda. Jenae 756. Pp.

188. 89 G. Sohnii opera. ed. II. Sigenae 598. Pp.

190 Fr. Spanhemii, summa histor. ecclesiastic. Lugd. Batavor. 689. Ld.

153

191 — 205 Fr. L. Graf zu Stollberg, Geschichte der Religion Jesu Christi, Thl. 1 — 15. Hbg. 806-18. Gh.

206 E. Swedenborg, die wahre christliche Religion. 1r Thl. Altenburg 784. Hld.

207 Le nouveau testament, französisch und deutsch. Ff. Ld.

208 J. H. Tönniens heilige Sittenlehre. 1r Thl. Hmb. 775. Steif gb.

209 Versuch zu einem Chroniko der Kirchen - Tage. Barby 757. Pp.

210 J. G. Walchii, compendium antiquitatum ecclesiasticorum. Lps. 733. Hpg.

211 — 13 J. Watts, Reden, übersetzt von J. G. Pfeil. Gotha 747. 48. Ld.

214 a) Ejusd. Reden von der Liebe Gottes, herausgegeben von S J Baumgarten. Halle 747. b) Ejusd. Die Demuth, übersetzt von E. C. Reichard. Brschwg. 749. c) Ejusd. Anweisung zum Gebete. ibid. 746. Ld.

215 a) Ejusd. Tod und Himmel mit einer Vorrede von J. J. Rambach. Halle 738. b) Ejusd. Zukünftige Welt, mit einer Vorrede von S. J. Baumgarten, Halle 745. Ld.

216 E. Webb, Glaubensbekenntnisse und göttliche Erfahrungs - Proben. Aus dem Englischen von J. M Yorck. ed. II. Philadelphia 798. Gh.

217 C. Westphal, Briefe über die Berliner Deisten. Minden 789. Pp.

218 J. H. W. Witschel, Morgen und Abendopfer. Sulzbach 812. Steif gb.

154

219 J. W. Fr. Wolf, Vorschlag zur zweckmäßigen Einrichtung der Confirmations-Handlung. Be:l. 802. Gh.
220 Daſſelbe Werk.
221 J. Worthington, von der Pflicht der Gottgelaſſenheit, überſetzt von J. B. Heinzelmann. Hannover 717. Ld.
222 Zeugniß eines Kindes von der Richtigkeit der Wege des Geiſtes u. ſ. w. aus dem Franzöſiſchen. 737. Ld.
223 Zuruf an das Chriſtenvolk im Anfange des 19ten Jahrhunderts. Ff. 803. Pp.

* * *

224 Abhandlungen, zwei, über Geld und Münze, Banken und Banknoten. Altona 788. Gh.
225 Academiſches Liederbuch, 18 Bdchn. Deſſau 782. Pp.
226 Account of the society for debtors. London. ed. VI. 783. Ld.
227 Achenwall, Grundriß zur Geſchichte der vornehmſten europäiſchen Staaten, neue Aufl. von J. Ph. Murray. 773. NB. Titel und Einband fehlt.
228 Johann Adams Beantwortung der Paineſchen Schrift von den Rechten der Menſchen. Aus dem Engl. Copenhagen 793. Steif gh.
229 Amaliens (Gräfinn zu Münſter Meinhövel) poetiſche Verſuche. Lpz. 796. Pp.
230 C. H. Amthor, poetiſche Verſuche u. ſ. w. Flensburg 717. Pp.

231 — 32 Andenken für Freunde. Sulzbach 807 — 819. Gh.

233 J. Anderson, Neues Constitutionenbuch der Frei-Maurer. Aus dem Englischen, ed. III. Ff. 762. Gh.

234 Aristotelis problemata, oder gründliche Erörterung u. s. w. Basel 679. Pp.

235 Aristotelis, Politik und Fragment der Oeconomik, aus dem Griechischen mit Anmerkungen von J. G. Schlosser, 1ste Abthl. Lübeck 798. Gh.

236 Astronomischer Kinderfreund, ed. II. Berl. 785. Steif gb.

237 M. J. B. H. Ausführliche Nachricht von dem h. Ritter Georgio und dem Stiffte St. Jürgens bei Hamburg. Hmb. 722. Pp.

238 Fr. Baaders, Beiträge zur Elementar-Physiologie. Hmb. 797. Gh.

239 Baiern unter Montgelas, Deutschland 813. Ohne Einband.

240 Nath. Bailey, Englisch-Deutsches und Deutsch-Engl. Wörterbuch, von Theodor Arnold. Lpz. 753. Hld. NB. Der Titel fehlt und der Einband ist los.

241. 42 Bemerkungen der kuhrpfälzischen Gesellschaft vom Jahre 1773 u. 74. Mit Kupfertafeln. Lautern 1775 776. Gh.

243 J. B. Basedow und J. H. Campe, Paedagogische Unterhandlungen. 13 Stück. Dessau 777. Gh.

244 J. B. Basedow, Etwas aus dem Archive seiner Lebensbeschreibung u. s. w. Lpz. 783. Gh.

156

245 Basedows und Wolkens gemeinschaftliche Erklärung ihrer geendigten Streitigkeiten. Lpz. 783. Gh.
246 G. A. Becklers neue Kriegsschule.. Frauffurt 674. Pp.
247 F. H. Bispink, fragmenta psycholog moralia. Hagae 784. Gh.
248 J. Fr. Bramigk, Gedichte ed. II. Mgdeb. 811. Gh.
249 Ch. Breithaupti, ars decifratoria. Helmst. 737. Hlb.
250 Jac. Bruckeri, iustitutiones histor. philosoph. ed. II. Lps. 756. Gh.
251 L. de Bruno, Lioncel ou l'émigré, à Paris 800. 1 Partie. Gh.
252 Das Buch der Weisheit und Tugend. Dessau 782. Hlb.
253 Ein Büchlein zur Beförderung der Lebensweisheit. Erfurt 780. Gh.
254 G. Burtoni, Λεψανα veteris linguae persicae ed. J. H. von Seelen, Lubecae 1720. b) Fr. G. Freytag, de illustr. rhetor. et orator. statuis. Lps. 752. c) Ol. Plantin, vindemiola literaria, Vitembergi 736. d) G. Ch. Gebaueri de caldae et caldi apud veteris potu. Lps. 721. e) Thad. Donnolae de patria S. A. Properti dissertatio ed. H. L. Schurzfleischii. Vitembergae 713. f) J. Alb. Fabricii Menolagium. Hamburgi 712. Pp.
255 A. Fr. Büschings Auszug aus seiner Erdbeschreibung, 1ster Thl. ed. V. Hmb. 780. Pp.
256 Joh. Buxtorfi Lexicon hebr. et chald. Basiliae 645. Pp.

257 Ejusd. thesaurus grammaticus linguae sanctae. Basil 651. ed. V. Ld.
258 de Callieres de la science du monde, à Halle 748. Hpbd.
259 J. H. Campe, Theophron, der erfahrne Rathgeber. 1 u. 2 Thl. Hmb. 783. Gh.
260 Ejusd. compendium artis vivendi, Hamburgi 778. Gh.
261 Ch. Cellarii, liber memorialis; ed emenbat. Hamb. 765. Hld.
262 C. Ph. Conz, Gedichte, 1ste Sammlung. Tüb. 792. Gh.
263 Ad. Crawford. über die Wärme der Thiere, übersetzt von Lorenz Crell. Lpz. 789. Pp.
264 A. F. W. Crome, Europas Producte 1 Thl. Hmb. 784. Pp.
265 A. H. Dampmartin, essai de littérature. Tom. I. à Amst. 794, Gh.
266 S. Debonale, neue französische Grammatik. Hmb. 797 Pp.
267 a description of the royal hospital at Greenwich. 800. Gh.
268 le diadême des sages, ou demonstration de la nature inférieure. à Paris 781. Gh.
269 Dialogues of the dead, Lond. 760, Ld.
270 M. L. Dutens, Itineraire, ed. VI. ancienne carte geograph, à Paris 788. Hld.
271 C. D. Ebeling, mélanges en prose française. ed. III. Hmb, 794. Gh.
272 J. J. Ebert, Unterweisung in den philosoph. u. mathemat. Wissenschaften. N. A. mit Kupfern. Lpz. 779. Pp.

273 Ehrenrettung der Kieler Seminaristen. Hamb. 801. Gh.
274 Die Einsamkeit der Weltüberwinder. Lpz. 781. Gh.
275 Eloge du roi de Prusse à Berl. 787. Gh.
276 J. Ch. Polyc. Erxleben, Anfangsgründe der Naturgeschichte, herausgeg. von J. Fr. Gmelin. m. Kpf. Göttingen 782. Pp.
277 Ejusd. Anfangsgründe der Naturlehre, herausgeg. von G. C. Lichtenberg. ed. III. Göttingen 784. Pp.
278 Fr. de Salignac de la Mothe Fenelon dimostrazione dell' esistenza di Diotradotta da A. de Sales. Giena 752. Pp.
279 de la Ferriere abrégé de l'histoire de Nismes. à Nismes 753. Ohne Einband.
280 Fr. C. Forberg, über die Gründe und Gesetze freier Handlungen. Jena 795. Pp.
281 Hieron. Freyers Vorbereitung zur Universalhistorie. ed. VII. von J. A. Niemeyer. Halle 756. Lb.
282 Ejusd. Einleitung zur Universalhistorie. ed. V. Halle 740. Lb.
283 Freimüthige Betrachtungen zum Wohl von Aachen. Ff. 788. Gh.
284 J. Ch. Gatterer, Abriß der Geographie. Gött. 775. Pp.
285 Ejusd. Weltgeschichte, 1ster Thl. Ibid. 785. Pp.
286 a) Pagau. Gaudentii obstetrix litteraria, ed. cur. G. N. Kriegk, Jenae 704. b) Antiquitat. graecor. brevis descriptio. Hafniae 721. Pp.